P9-DWU-652

Nota para los padres

DK READERS es un convincente programa para lectores infantiles desarrollado por un equipo de expertos en la didáctica del lenguaje, entre los que destaca la Dra. Linda Gambrell, directora de la facultad de educación Eugene T. Moore de la Universidad de Clemson. La Dra. Gambrell también ha sido presidenta de la Conferencia Nacional de Lectura y miembro de la junta directiva de la Asociación Internacional de Lectura.

Combinamos bellas ilustraciones y magníficas fotografías a color con textos entretenidos y sencillos, con el fin de ofrecer una aproximación amena a cada tema en la serie. Cada volumen de la serie DK READERS captará el interés del niño al tiempo que desarrolla sus destrezas de lectura, cultura general y pasión por la lectura.

El programa de DK READERS está estructurado en cinco niveles de lectura, para que pueda usted hacer una elección precisa y adecuada a las aptitudes de su hijo.

Prenivel 1 – Para principiantes
Nivel 1 – Primeros pasos
Nivel 2 – Lectura asistida
Nivel 3 – Lectura independiente
Nivel 4 – Lectura avanzada

Dado que la edad "normal" para que un niño empiece a leer puede estar entre los tres y los ocho años de edad, estos niveles han de servir sólo como una pauta general.

Pero sea cual sea el nivel, usted le ayudará a su hijo a aprender a leer…¡y a leer para aprender!

DK

LONDRES, NUEVA YORK, MÚNICH,
MELBOURNE Y DELHI

Editora de la serie Deborah Lock
Directora de arte Tory Gordon-Harris
Editora en EE. UU. Elizabeth Hester
Ayudante de diseño Sadie Thomas
Producción Claire Pearson
Diseño DTP Almudena Díaz

Asesora de lectura
Linda Gambrell, Ph.D.

Versión en español
Editora Elizabeth Hester
Directora de arte Michelle Baxter
Diseño Stephanie Sumulong
Producción Chris Avgherinos
Diseño DTP Milos Orlovic

Traducción Producciones Smith Muñiz

Primera edición estadounidense, 2004
04 05 06 07 08 10 9 8 7 6 5 4 3 2 1
Publicado en Estados Unidos por DK Publishing, Inc.
375 Hudson Street, New York, New York 10014

D. R. © 2004 DK Publishing, Inc.

Publicado en Gran Bretaña por Dorling Kindersley Limited.

A catalog record for this book is available from the Library of Congress.

ISBN: 0-7566-0640-3 (pb) 0-7566-0638-1 (hc) 3278 4182 ⁷/06

Reproducción a color por Colourscan, Singapur
Impreso y encuadernado en China por L Rex Printing Co., Ltd.

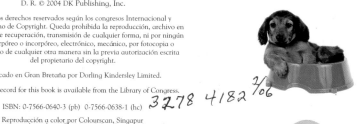

La editorial agradece su generosidad en conceder
permiso para la reproducción de sus fotos a:
a=arriba, c=center, b=abajo, l=izq., r=der., t=parte superior

Museo Británico: 28br, 32br; **Corbis:** Bill Ross 8cl; Craig Tuttle 21br;
Jeremy Horner 4c; **Gables Travels:** 16-17; **Getty Images:** Jerry Driendl 10-
11; Darrell Gulin 8-9; Terry Husebye 26-27; Tom King 15tr; Mike Timo 6-
7; **Paul Goff:** 27bl; **Judith Miller & Dorling Kindersley & Bonhams,
Edimburgo:** 13bl; **Tracy Morgan:** 2crb, 8bl; **Museo de Historia Natural:**
9bcr, 19bcl, 19bcl, 25br; **Stephen Oliver:** 2tr, 11bc, 12bc, 12br, 15bc, 18-
19, 19br, 26bl, 32c; **Guy Ryecart:** 17bc; Ross Simms y el Museo de
Folklore y de la Policía de Winchcombe: 2cra, 22bl; **Barrie Watts:** 2br,
7br; **Jerry Young:** 22-23, 24-25, 25c, 32bl

Todas las demás imágenes © Dorling Kindersley.
Para más información conéctese a: www.dkimages.com

Descubre más en
www.dk.com

PARA
1
prenivel
PRINCIPIANTES

Días llenos
de color

¿Cuántos colores ves?

verde

amarillo

rosado

rojo

Ven a jugar
conmigo.

5

la nariz

la boca

blanco

el ojo

Podemos jugar
en la fría
nieve blanca.

Podemos mirar las flores violetas.

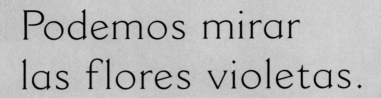

la hoja

violeta

el pétalo

el flor

Vamos a correr alrededor de los árboles con flores rosadas.

rosado

el pétalo

el ojo

gris

la oreja

pelo

Podemos
acariciar a
los conejitos
grises.

Podemos pasear
en los botes por
el agua azul.

el mástil

la vela

azul

la cubierta

Podemos caminar
entre los altos
girasoles amarillos

amarillo

las semillas

el pétalo

anaranjado

Podemos comer una paleta anaranjada.

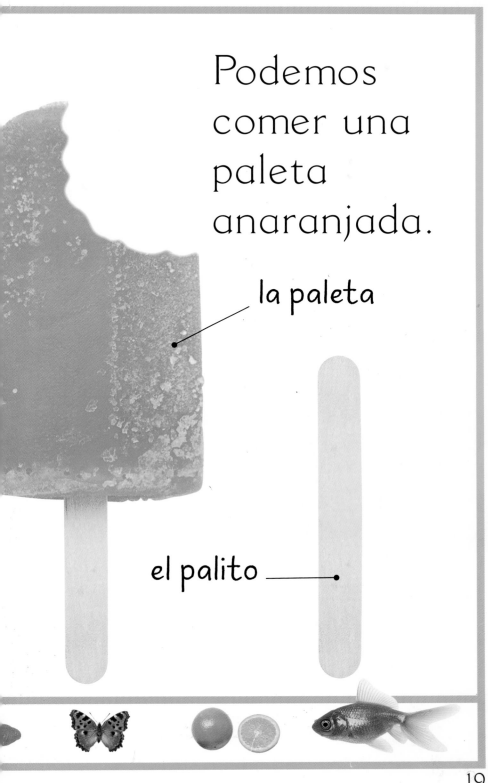

la paleta

el palito

las botas

rojo

Podemos jugar con las hojas y recoger las manzanas rojas.

el árbol

la mandíbula

la pata

negro

la hormiga

Podemos
caminar como
las hormigas y
el escarabajo.

la piel viscosa

la pata

 café

Podemos croar
como las ranitas
color café.

las ramas

las aguj

verde

Podemos correr entre
los altos árboles verdes.

Podemos colgar bolas
plateadas y ponernos
coronas doradas.

plateado

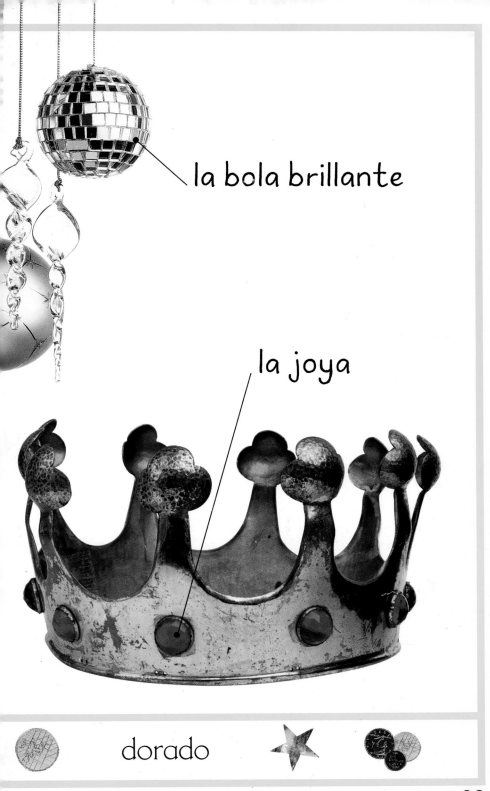

la bola brillante

la joya

dorado

¿Cuántos colores ves

en estas páginas?

Índice ilustrado

blanco

violeta

rosado

gris

azul

amarillo

anaranjado

rojo

negro

café

verde

plateado